xue xiao - escola 2
lü xing - viatge 5
jiao tong yun shu - transport 8
cheng shi - ciutat 10
di xing - paisatge 14
can guan - restaurant 17
chao shi - supermercat 20
yin liao - begudes 22
shi wu - menjar 23
nong chang - granja 27
fang zi - casa 31
ke ting - sala d'estar 33
chu fang - cuina 35
yu shi - bany 38
er tong fang - cambra de nen 42
yi fu - roba 44
ban gong shi - oficina 49
jing ji - economia 51
zhi ye - oficis 53
gong ju - eines 56
yue qi - instrument de música 57
dong wu yuan - zoo 59
ti yu - esports 62
huo dong - activitats 63
jia - família 67
shen ti - cos 68
yi yuan - hospital 72
jin ji qing kuang - urgència 76
di qiu - terra 77
zhong biao - rellotge 79
zhou - setmana 80
nian - any 81
xing zhuang - formes 83
yan se - colors 84
fan yi ci - oposats 85
shu zi - nombres 88
yu yan - llengües 90
shei / shen me / zen yang - qui / què / com 91
fang wei - on 92

**AF194772**

Impressum
Verlag: BABADADA GmbH, Nedderfeld 112 , 22529 Hamburg
Geschäftsführer / Verlagsleitung: Harald Hof
Druck: Books on Demand GmbH, In de Tarpen 42, 22848 Norderstedt

Imprint
Publisher: BABADADA GmbH, Nedderfeld 112 , 22529 Hamburg, Germany
Managing Director / Publishing direction: Harald Hof
Print: Books on Demand GmbH, In de Tarpen 42, 22848 Norderstedt

# xue xiao

## escola

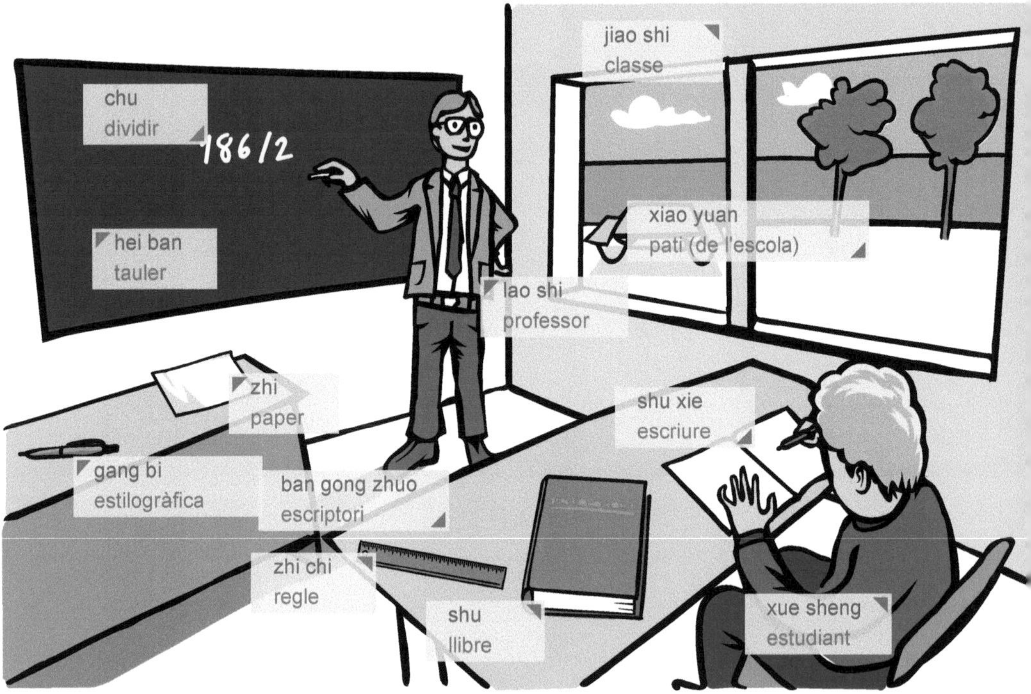

jiao shi
classe
chu
dividir
186/2
hei ban
tauler
xiao yuan
pati (de l'escola)
lao shi
professor
zhi
paper
shu xie
escriure
gang bi
estilogràfica
ban gong zhuo
escriptori
zhi chi
regle
shu
llibre
xue sheng
estudiant


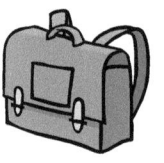

shu bao

bossa

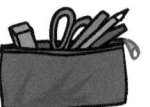

qian bi he

estoig

qian bi

llapis

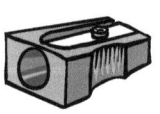

juan bi dao

maquineta de fer punta

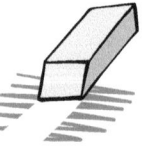

xiang pi ca

goma

hua ban

bloc de dibuix

tu hua

dibuix

hua bi

pinzell

yan liao he

capsa de pintures

jian dao

tisores

jiao shui

cola

lian xi ce

quadern d'exercicis

jia ting zuo ye

deures

shu zi

nombre

jia

afegir

jian

sostreure

cheng

multiplicar

ji suan

calcular

zi mu

lletra

zi mu biao

alfabet

zi

mot

ke wen

text

du

llegir

fen bi

guix

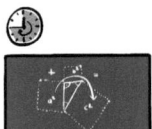

shang ke

lliçó

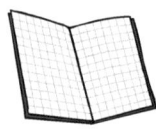

deng ji

llibre de classe

kao shi

examen

zheng shu

certificat

xiao fu

uniforme escolar

jiao yu

formació

bai ke quan shu

enciclopèdia

da xue

universitat

xian wei jing

microscopi

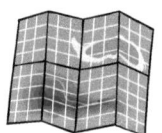

di tu

mapa

fei zhi kuang

paperera

# lü xing
## viatge

Grand
jiu dian
hotel
qing nian lü xing she
alberg
ROOMS
EXCHANGE
wai bi dui huan chu
oficina de canvi
shou ti xiang
maleta
qi che
automòbil

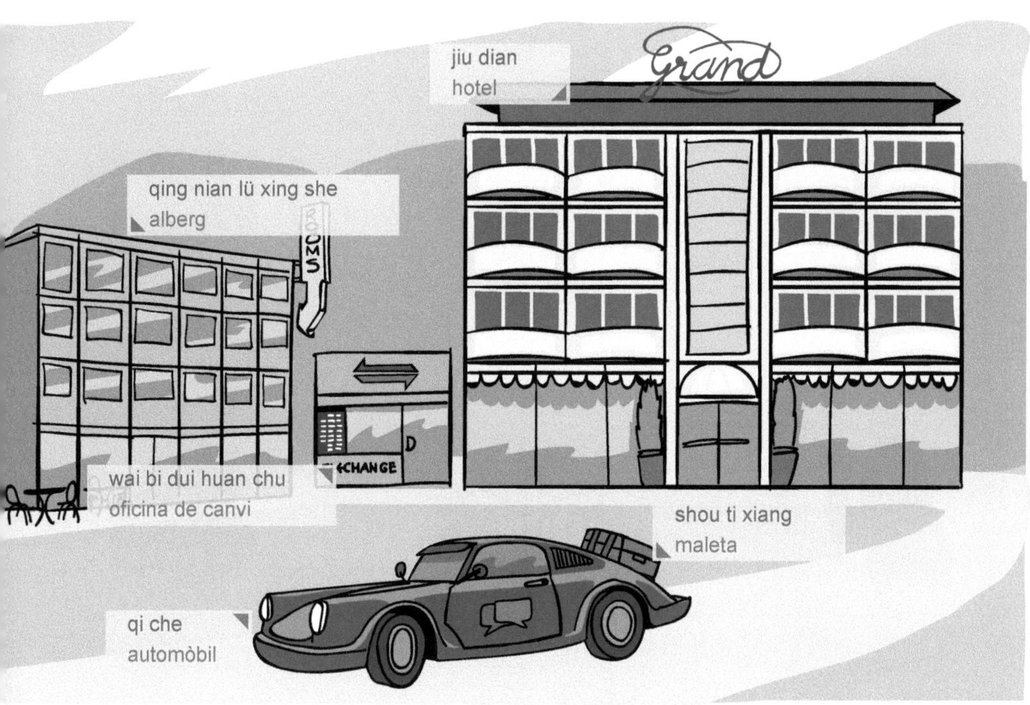

yu yan

llengua

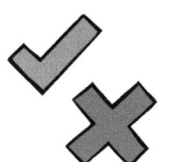

shi/fou

sí / no

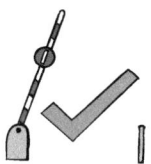

hao de

D'acord

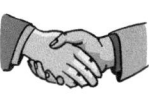

nin hao

Ey!

fan yi yuan

traductora

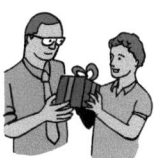

xie xie

gràcies

......duo shao qian?

Quant costa... ?

wo bu ming bai

No entenc

wen ti

problema

wan shang hao!

Bona nit!

zao shang hao!

bon dia!

wan an!

bona nit!

zai jian

fins aviat

fang xiang

direcció

xing li

bagatge

bao

bossa

shuang jian bao

sarrona

ke ren

convidat

fang jian

cambra

shui dai

sac de dormir

zhang peng

tenda

lü you xin xi

oficina de turisme

hai tan

platja

xin yong ka

carta de crèdit

zao can

esmorzar

wu can

dinar

wan can

sopar

piao

bitllet

dian ti

ascensor

you piao

segell

bian jie

frontera

hai guan

duana

da shi guan

ambaixada

qian zheng

visat

hu zhao

passaport

lü xing - viatge

# jiao tong yun shu

# transport

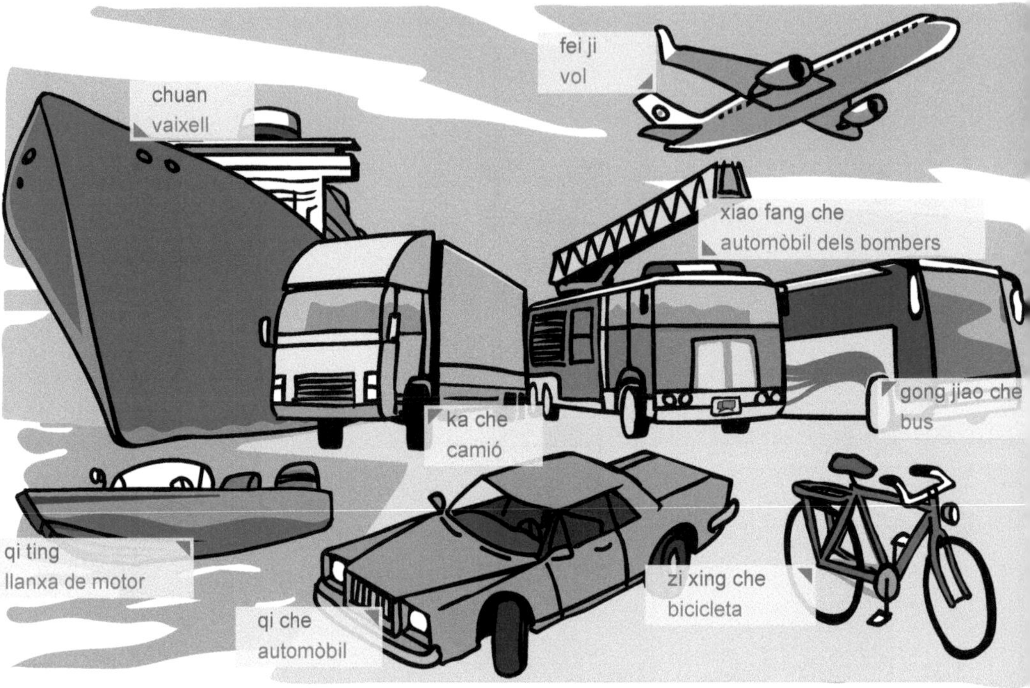

fei ji
vol
chuan
vaixell
xiao fang che
automòbil dels bombers
gong jiao che
bus
ka che
camió
qi ting
llanxa de motor
zi xing che
bicicleta
qi che
automòbil


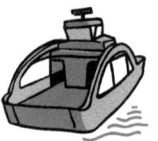

bai du chuan

transbordador

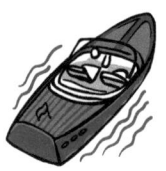

xiao chuan

barca

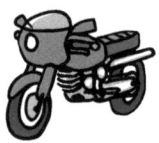

mo tuo che

moto

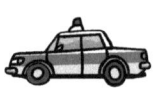

jing che

automòbil de policia

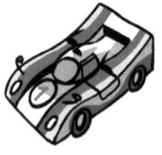

sai che

automòbil de curses

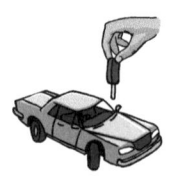

zu che

automòbil de lloguer

pin che
vehicle compartit

tuo che
grua

la ji che
camió de les escombraries

fa dong ji
motor

qi you
benzina

jia you zhan
benzineria

jiao tong biao zhi
senyal de trànsit

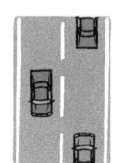

jiao tong
trànsit

jiao tong du sai
embús

ting che chang
aparcament

huo che zhan
estació de trens

gui dao
vies

huo che
tren

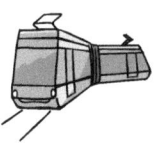

dian che
tramvia

huo che
vagó

zhi sheng ji

helicòpter

ji chang

aeroport

ta

torre

cheng ke

passatger

ji zhuang xiang

contenidor

zhi ban xiang

capsa de cartó

shou tui che

carretó

lan zi

cistella

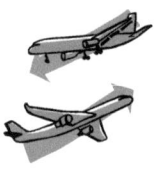

qi fei/jiang luo

enlairar-se / aterrar

## cheng shi

## ciutat

cun zhuang

poble

shi zhong xin

centre de la ciutat

fang zi

casa

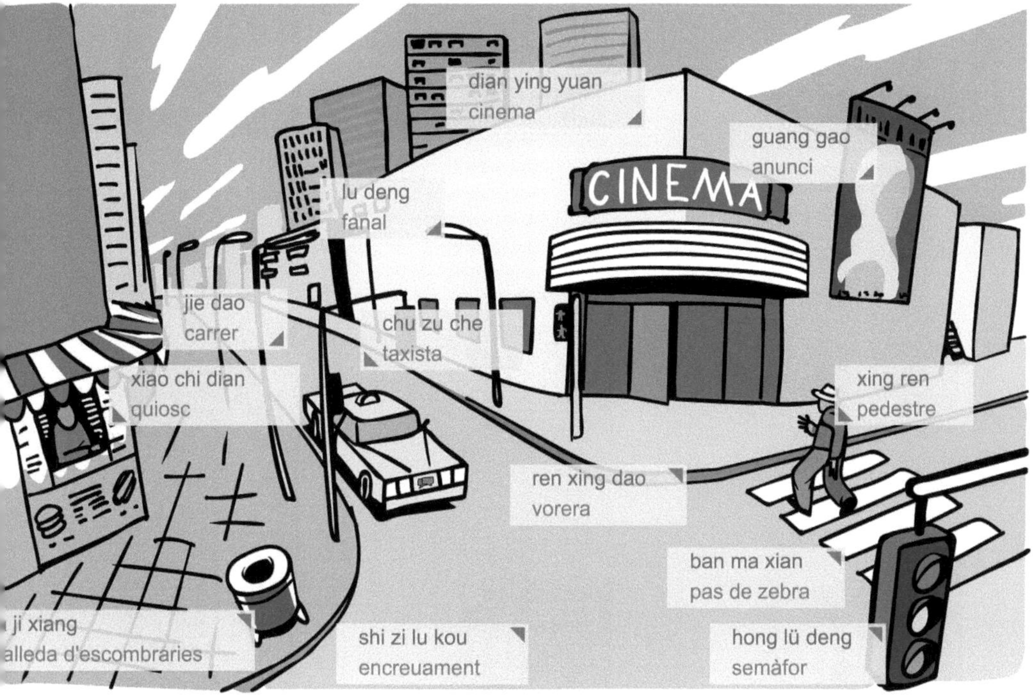
dian ying yuan
cinema
CINEMA
guang gao
anunci
lu deng
fanal
jie dao
carrer
chu zu che
taxista
xiao chi dian
quiosc
xing ren
pedestre
ren xing dao
vorera
ban ma xian
pas de zebra
ji xiang
alleda d'escombraries
shi zi lu kou
encreuament
hong lü deng
semàfor

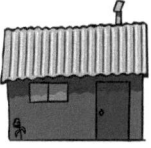

xiao wu

cabana

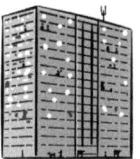

gong yu

apartament

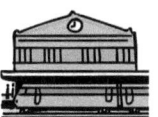

huo che zhan

estació de trens

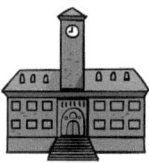

shi zheng ting

casa de la vila-ciutat

MUSEUM

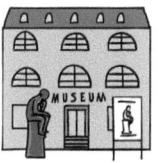

bo wu guan

museu

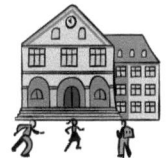

xue xiao

escola

da xue

universitat

yin hang

banca

yi yuan

hospital

jiu dian

hotel

yao fang

farmàcia

ban gong shi

oficina

shu dian

llibreria

shang dian

botiga

hua dian

floristeria

chao shi

supermercat

shi chang

mercat

bai huo shang dian

gran magatzem

yu dian

peixateria

gou wu zhong xin

centre comercial

hai gang

port

gong yuan

parc

chang deng

banc

qiao

pont

lou ti

escala

di tie

metro

sui dao

túnel

gong jiao che zhan

parada d'autobús

jiu ba

bar

can guan

restaurant

you tong

bústia de correu

lu biao

senyal indicador

ting che ji shi qi

parquímetre

dong wu yuan

zoo

you yong guan

piscina

qing zhen si

mesquita

nong chang

granja

wu ran

pol·lució

mu di

cementiri

jiao tang

església

cao chang

parc infantil

si miao

temple

## di xing

## paisatge

shu ye
fulla

zhi shi pai
cartell indicador

lu
camí

cao di
prat

shi tou
pedra

shu
arbre

tu bu lü xing zhe
excursionista

he
riu

cao
gespa

hua
flor

xia gu

vall

shan

muntanya

hu

llac

sen lin

bosc

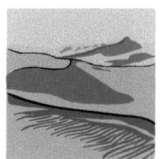

sha mo

desert

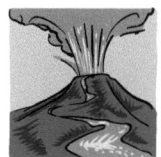

huo shan

volcà

cheng bao

castell

cai hong

arc de Sant Martí

mo gu

bolet

zong lü shu

palmera

wen zi

moscard

cang ying

mosca

ma yi

formiga

mi feng

abella

zhi zhu

aranya

jia chong

escarabat

qing wa

granota

song shu

esquirol

ci wei

eriçó

ye tu

llebre

mao tou ying

òliba

niao

ocell

tian e

cigne

ye zhu

senglar

lu

cervo

mi lu

ant

shui ba

presa

feng li fa dian ji

turbina

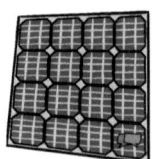

tai yang neng dian chi ban

panell solar

qi hou

clima

# can guan
## restaurant

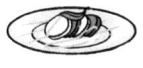

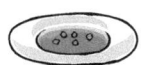

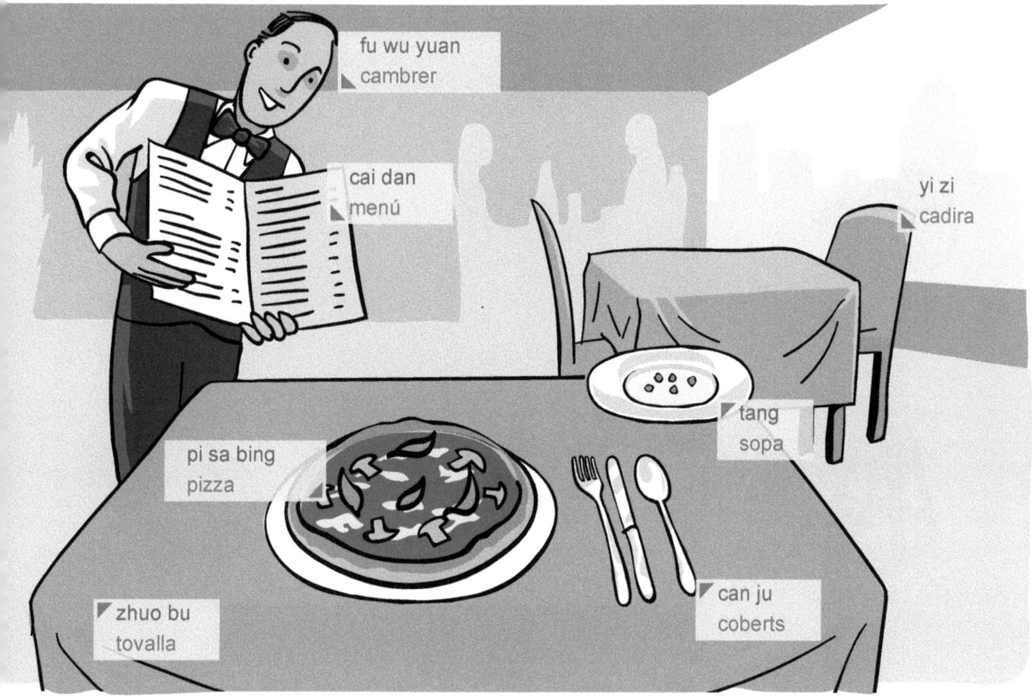

fu wu yuan
cambrer
cai dan
menú
yi zi
cadira
tang
sopa
pi sa bing
pizza
zhuo bu
tovalla
can ju
coberts


qian cai
primer plat

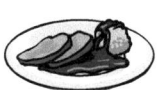

zhu cai
plat principal

tian dian
darreries

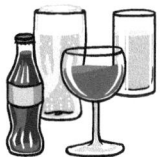

yin liao
begudes

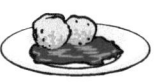

shi wu
menjar

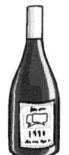

ping zi
ampolla

kuai can

menjar ràpid

jie bian xiao chi

menjar de carrer

cha hu

tetera

tang he

sucrer

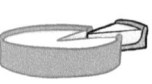

yi fen fan cai

porció

yi shi ka fei ji

màquina d'espresso

gao jiao yi

trona

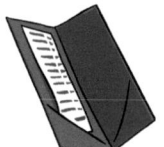

zhang dan

factura

tuo pan

plata

dao

ganivet

can cha

forqueta

shao zi

cullera

cha chi

cullereta

can jin

tovalló

bo li bei

got

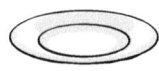

die zi

plat

tang pan

plat de sopa

die zi

plateret

jiang

salsa

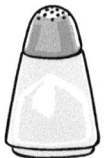

yan ping

saler

hu jiao mo

molinet de pebre

cu

vinagre

shi yong you

oli

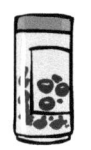

tiao wei liao

espècies

fan qie jiang

quètxup

jie mo

mostassa

dan huang jiang

maionesa

# chao shi

## supermercat

te jia
oferta especial
gu ke
client
ru zhi pin
productes lactis
gou wu che
carret de la compra
shui guo
fruites
FOR

BUTCHERS

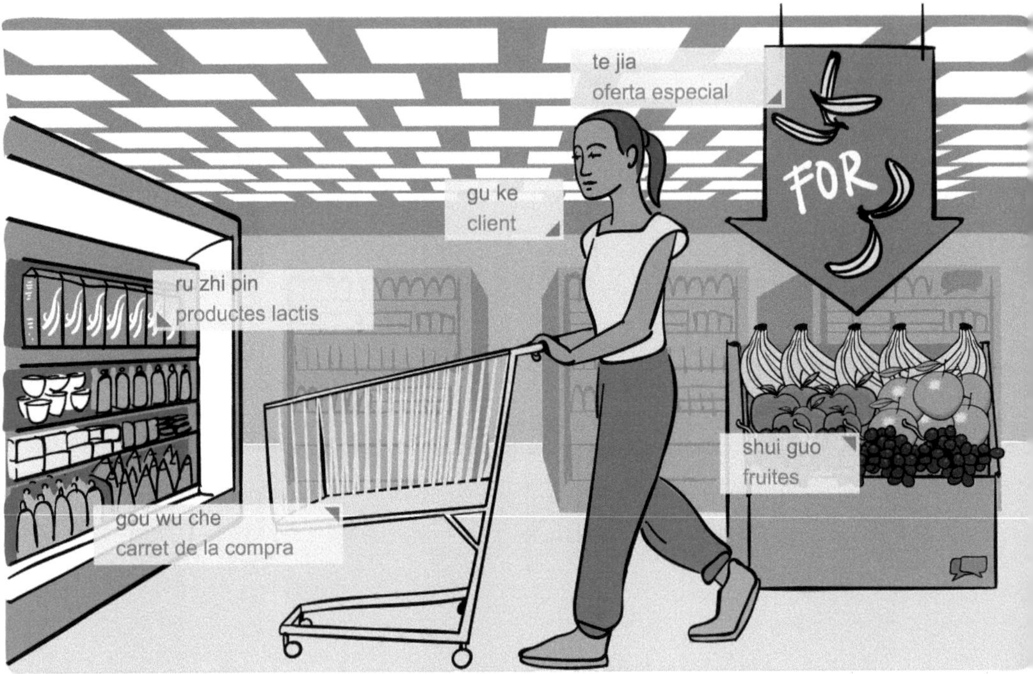

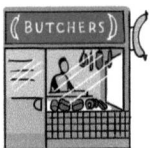

rou pu

carnisseria

BAKERY

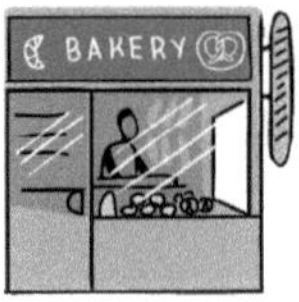

mian bao fang

forn de pa

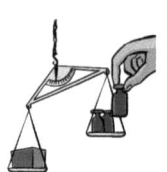

cheng zhong

pesar

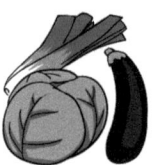

shu cai

verdures

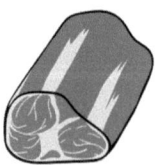

rou

carn

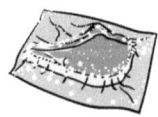

leng dong shi pin

menjar congelat

leng pan

carn freda

guan tou shi pin

conserves

xi yi fen

detergent en pols

tian shi

dolços

ri yong pin

articles domèstics

qing jie yong pin

productes de neteja

xiao shou yuan

venedora

shou yin ji

caixa registradora

shou yin yuan

caixera

gou wu qing dan

llista de la compra

kai fang shi jian

horari d'obertura

qian bao

portamonedes

xin yong ka

carta de crèdit

dai zi

bossa

su liao dai

bossa de plàstic

shui

aigua

guo zhi

suc

niu nai

llet

ke le

coca-cola

hong jiu

vi

pi jiu

cervesa

jiu

alcohol

ke ke

cacau

cha

te

ka fei

cafè

yi shi nong suo ka fei

espresso

ka bu qi nuo

cappuccino

xiang jiao

banana

ping guo

poma

cheng zi

taronja

xi gua

síndria

ning meng

llimona

hu luo bo

pastanaga

da suan

all

zhu zi

bambú

yang cong

ceba

mo gu

bolet

jian guo

avellanes

mian tiao

fideus

yi da li mian tiao

espaguetis

mi fan

arròs

sha la

amanida

shu tiao

patates fregides

zha tu dou

patates fregides

pi sa bing

pizza

han bao bao

hamburguesa

san ming zhi

entrepà

zha zhu pai

escalopa

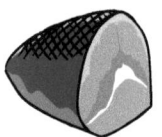

huo tui

cuixot

sa la mi

salami

xiang chang

salsitxa

ji rou

pollastre

kao rou

rostit

yu

peix

yan mai pian

flocs de civada

mu zi li

musli

yu mi pian

cereals

mian fen

farina

yang jiao mian bao

croissant

mian bao juan

panet

mian bao

pa

kao mian bao

torrada

bing gan

bescuits

huang you

mantega

ning ru

mató

dan gao

pastís

dan

ou

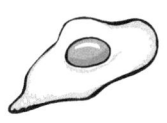

jian dan

ou fregit

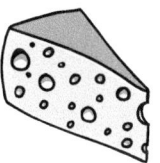

nai lao

formatge

bing ji lin

gelat

tang

sucre

feng mi

mel

guo jiang

melmelada

qiao ke li jiang

crema de xocolata

ga li fan

curri

# nong chang
## granja

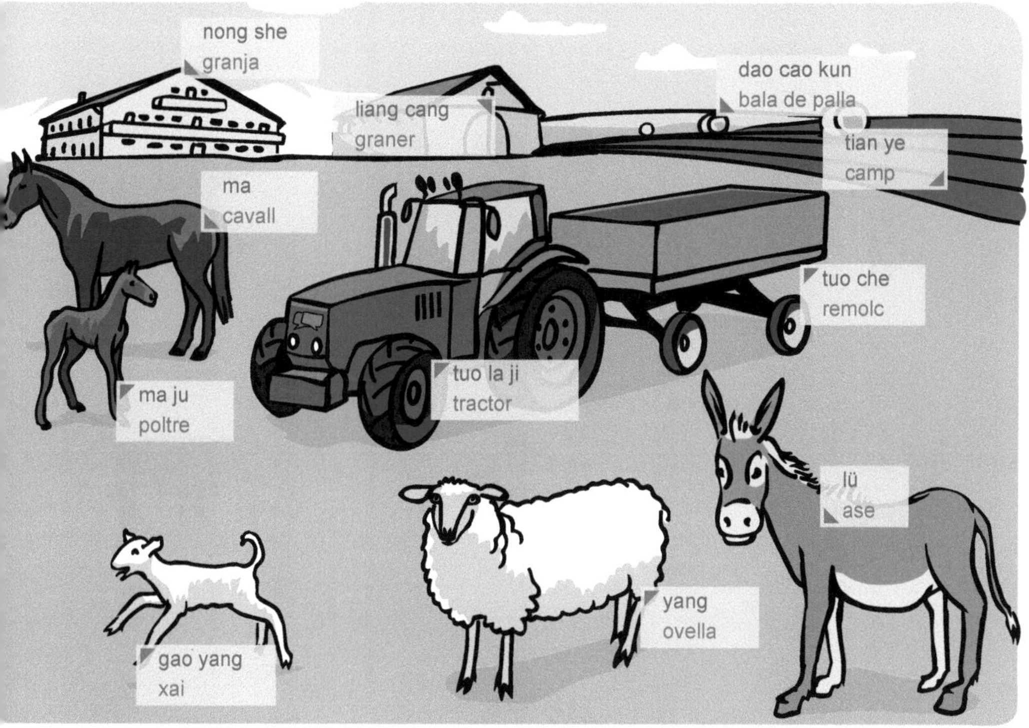
nong she
granja
liang cang
graner
dao cao kun
bala de palla
tian ye
camp
ma
cavall
tuo che
remolc
ma ju
poltre
tuo la ji
tractor
lü
ase
yang
ovella
gao yang
xai

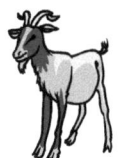

shan yang

cabra

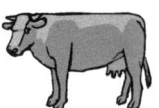

nai niu

vaca

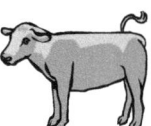

niu du

vedella

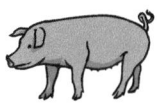

zhu

porc

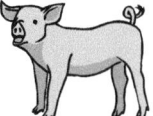

xiao zhu

garrí

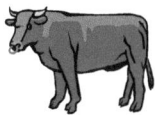

gong niu

bou

e
oca

ya
ànec

xiao ji
poll

mu ji
gall

gong ji
gallina

shu
rata

mao
gat

lao shu
ratolí

niu
bou

gou
gos

gou wu
gossera

hua yuan jiao shui ruan guan
mànega de regar

sa shui hu
regadora

chang bing da lian dao
dalla

li
arada

lian dao

falç

chu tou

aixada

chang bing cao pa

forca

fu tou

destral

du lun shou tui che

carretó

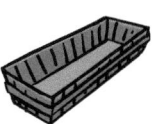

si liao cao

abeurador

niu nai guan

lletera

ma bu dai

sac

zha lan

tanca

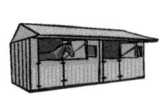

ma jiu

establa

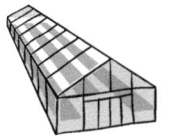

wen shi

hivernacle

tu rang

sòl

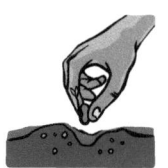

zhong zi

llavor

fei liao

adob

lian he shou ge ji

collidora

shou ge

collir

shou ge

collita

shan yao

nyam

xiao mai

blat

da dou

soja

tu dou

patata

yu mi

blat de moro o d'indi

you cai zi

colza

guo shu

arbre fruiter

shu shu

mandioca

gu wu

cereals

# fang zi
## casa

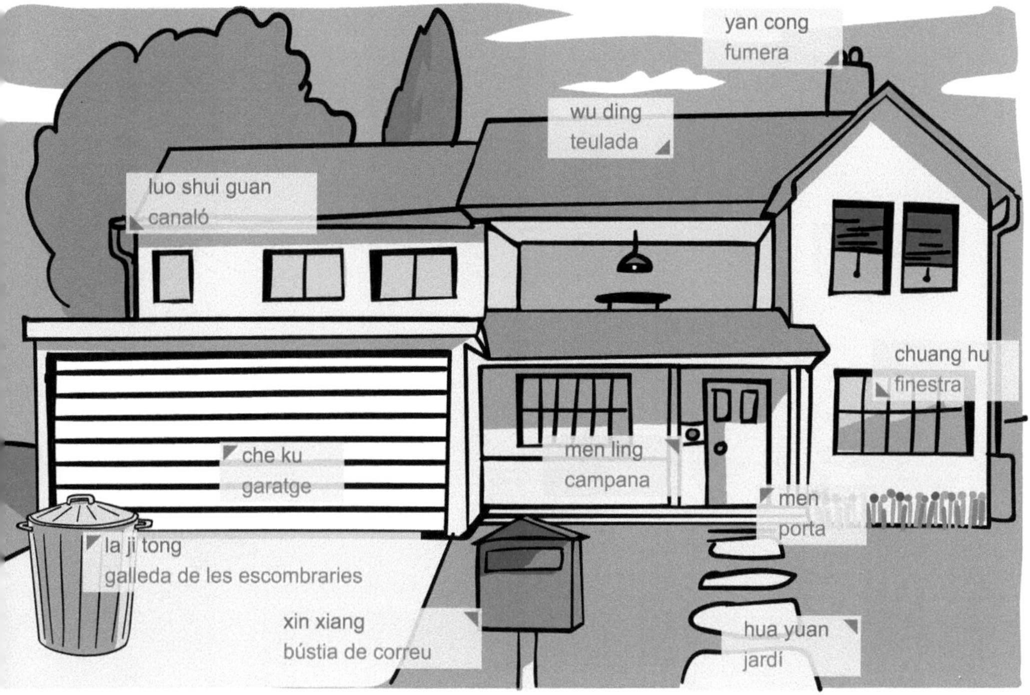

yan cong
fumera
wu ding
teulada
luo shui guan
canaló
chuang hu
finestra
che ku
garatge
men ling
campana
men
porta
la ji tong
galleda de les escombraries
xin xiang
bústia de correu
hua yuan
jardí


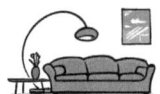

ke ting

sala d'estar

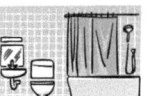

yu shi

bany

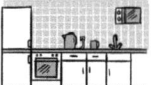

chu fang

cuina

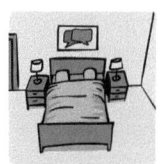

wo shi

cambra de dormir

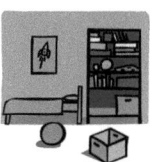

er tong fang

cambra de nen

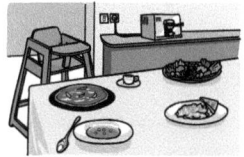

can ting

menjador

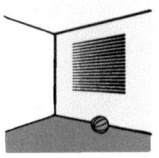

di ban

sòl

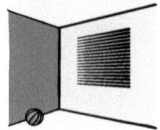

qiang bi

paret

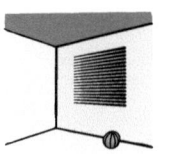

diao ding

sostre

di jiao

soterrani

sang na

sauna

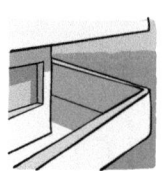

yang tai

balcó

lu tai

terrassa

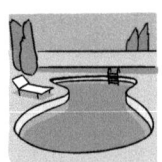

you yong chi

piscina

ge cao ji

tallagespa

bei dan

vànova

chuang zhao

cobrellit

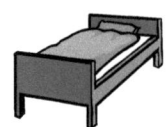

chuang

llit

sao zhou

escombra

shui tong

galleda

kai guan

interruptor

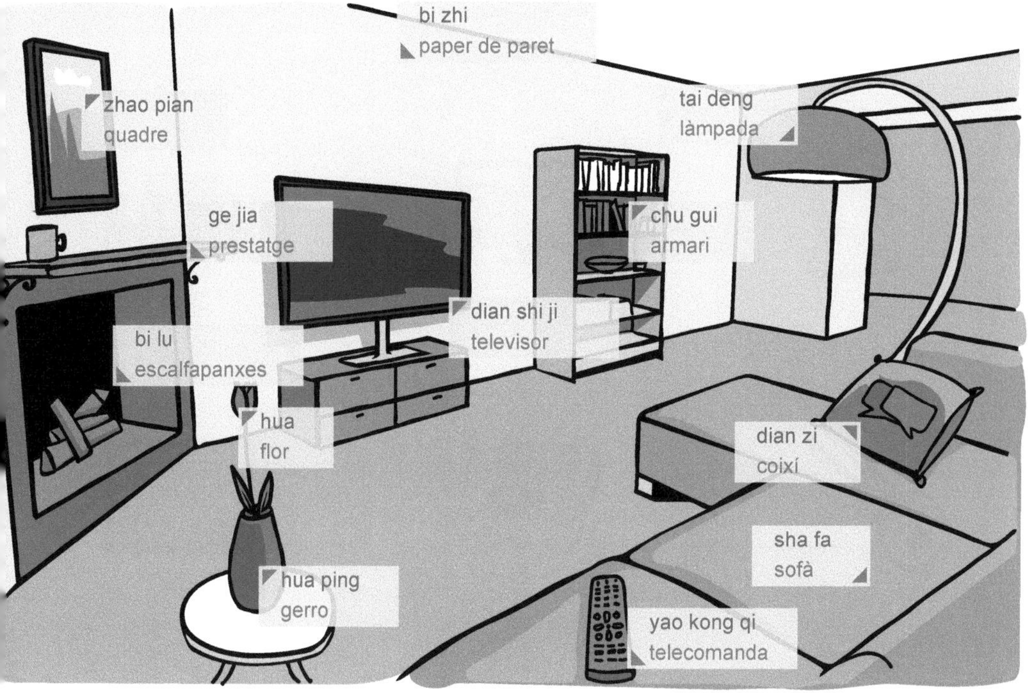

bi zhi
paper de paret

zhao pian
quadre

tai deng
làmpada

ge jia
prestatge

chu gui
armari

dian shi ji
televisor

bi lu
escalfapanxes

hua
flor

dian zi
coixí

hua ping
gerro

sha fa
sofà

yao kong qi
telecomanda

di tan
catifa

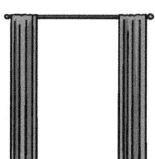

chuang lian
cortina

can zhuo
taula

yi zi
cadira

yao yi
cadira gronxadora

fu shou yi
cadiral

shu

llibre

tan zi

llençol

zhuang shi pin

decoració

mu chai

llenya

dian ying

film

gao bao zhen yin xiang

cadena de música

yao shi

clau

bao zhi

diari

you hua

pintura

hai bao

cartell

shou yin ji

ràdio

bi ji ben

bloc de notes

xi chen qi

aspiradora

xian ren zhang

cactus

la zhu

candela

# chu fang
## cuina

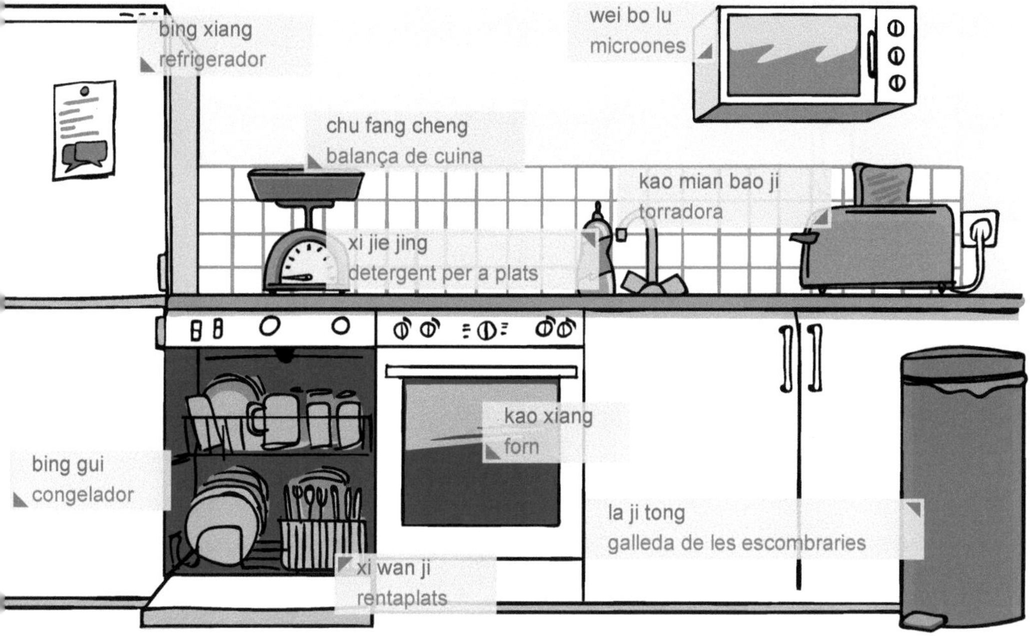
bing xiang
refrigerador
wei bo lu
microones
chu fang cheng
balança de cuina
kao mian bao ji
torradora
xi jie jing
detergent per a plats
kao xiang
forn
bing gui
congelador
la ji tong
galleda de les escombraries
xi wan ji
rentaplats

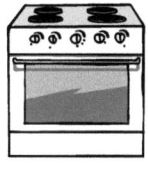

chui ju
cuina de fogons

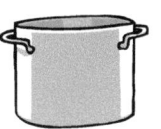

guo
olla

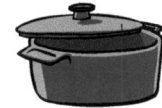

zhu tie guo
olla de ferro colat

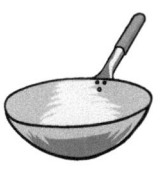

sha guo
wok / karahi

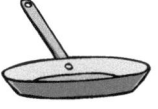

ping di guo
paella

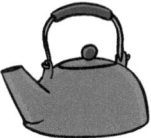

shui hu
bullidor

zheng guo

olla de vapor

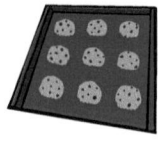

kao pan

plata de forn

tao ci guo

vaixella

ma ke bei

tassa grossa

wan

bol

kuai zi

bastonets xinesos

chang bing shao

culler

chan zi

espàtula

jiao ban qi

batedor

lü wang

colador

shai zi

sedàs

mo sui ji

ratllador

yan bo

morter

shao kao

barbacoa

ming huo

foc a terra

cai ban

taula de tallar

gan mian zhang

corró

kai ping qi

llevataps

guan zi

pot de conserva

kai ping qi

obridor

ge re shou tao

agafador

shui cao

aigüera

shua zi

raspall

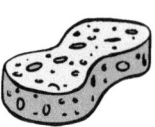

hai mian

esponja

jiao ban ji

batedora

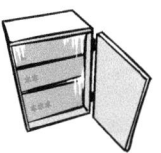

leng cang xiang

congelador

nai ping

biberó

shui long tou

aixeta

# yu shi
## bany

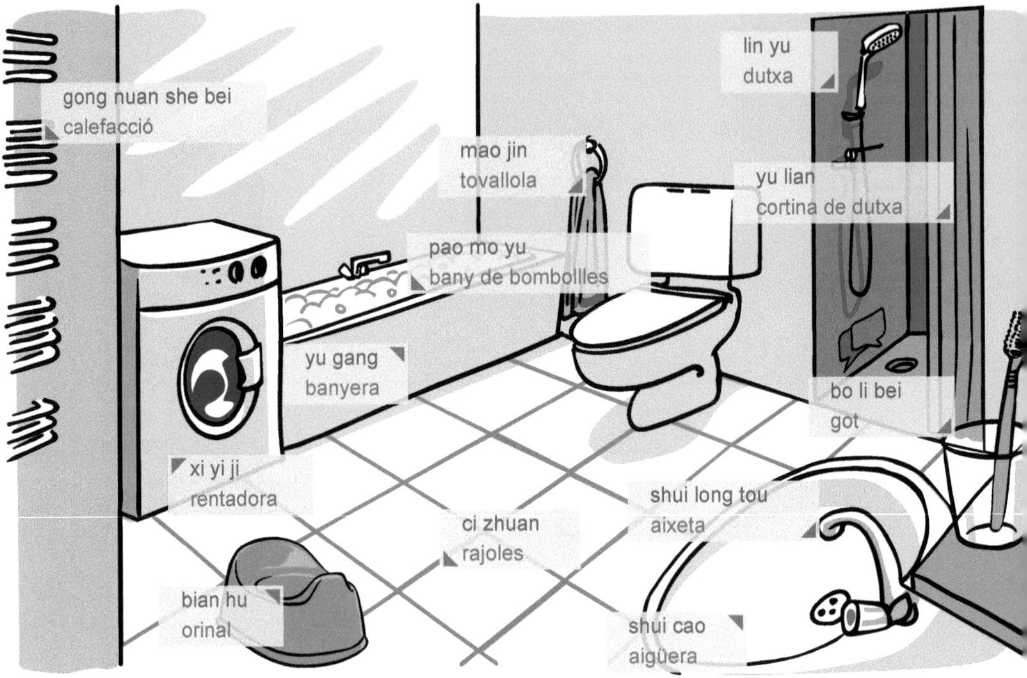

gong nuan she bei
calefacció
mao jin
tovallola
lin yu
dutxa
yu lian
cortina de dutxa
pao mo yu
bany de bombolles
yu gang
banyera
bo li bei
got
xi yi ji
rentadora
shui long tou
aixeta
ci zhuan
rajoles
bian hu
orinal
shui cao
aigüera


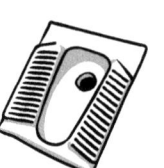

ce suo

lavabo

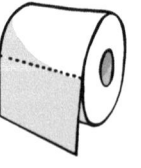

dun bian qi

lavabo turc

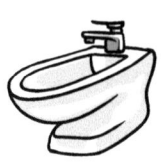

zuo yu qi

bidet

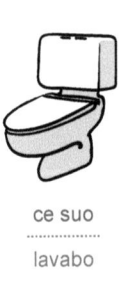

xiao bian chi

orinador

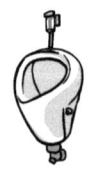

ce zhi

paper higiènic

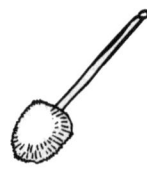

ma tong shua

escombreta de sanitari

**ya shua**

raspall de dents

**ya gao**

pasta de dents

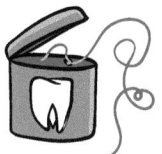

**ya xian**

fil dental

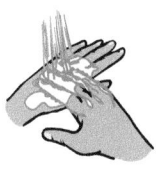

**xi**

rentar

**shou chi shi pen lin tou**

pom de dutxa

**chong xi qi**

dutxa íntima

**xi lian pen**

rentamans

**ca bei shua**

raspall per a l'esquena

**fei zao**

sabó

**mu yu lu**

gel de dutxa

**xi fa shui**

xampú

**fa lan rong**

manyopla de bany

**pai shui**

bonera

**ru shuang**

crema

**chu chou ji**

desodorant

jing zi

mirall

shou jing

mirall-espill de mà

ti xu dao

maquineta de rasar

ti xu pao mo

espuma de barbejar

xu hou shui

loció post-rasada

shu zi

pinta

shua zi

raspall

chui feng ji

eixugador

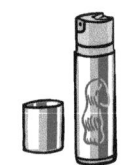

pen fa ding xing ji

laca

hua zhuang pin

maquillatge

chun gao

pintallavis

zhi jia you

esmalt d'ungles

hua zhuang mian

cotó

zhi jia jian

tallaungles

xiang shui

perfum

xi shu bao

estoig de bellesa

deng zi

tamboret

ji zhong cheng

bàscula

yu pao

barnús

xiang jiao shou tao

guants de goma

wei sheng mian tiao

compresa higiènica

wei sheng jin

compresa

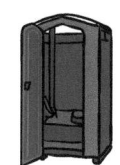

hua xue ce suo

sanitari químic

# er tong fang
# cambra de nen

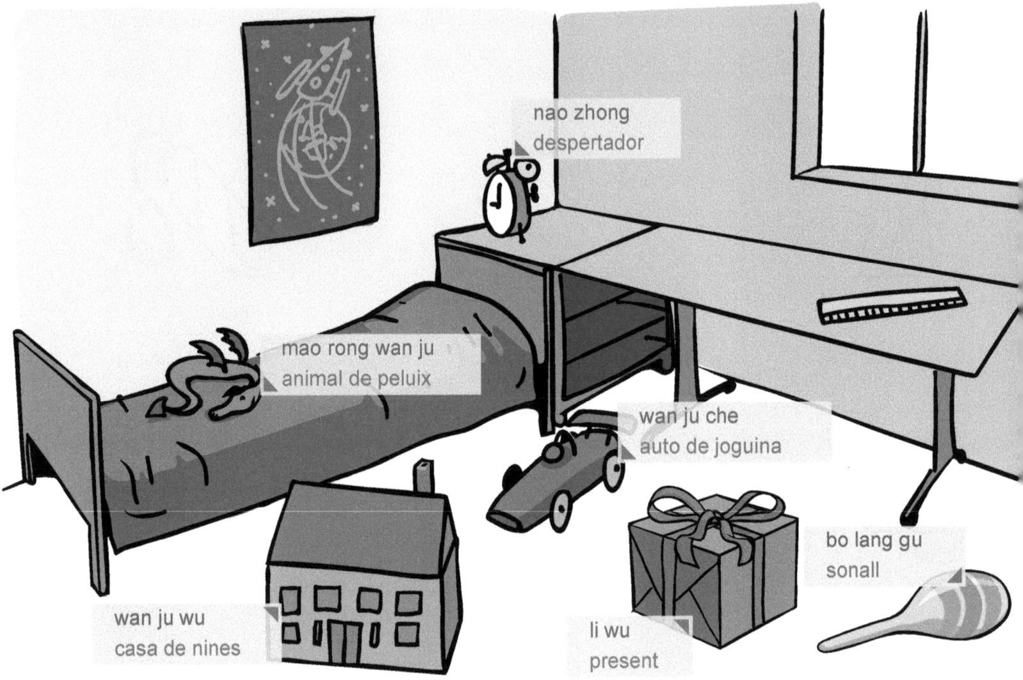

nao zhong
despertador
mao rong wan ju
animal de peluix
wan ju che
auto de joguina
bo lang gu
sonall
wan ju wu
casa de nines
li wu
present


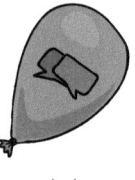

qi qiu

baló

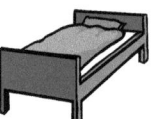

chuang

llit

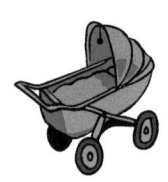

(yang wa wa yong)ying er che

cotxet per a nens

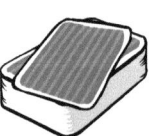

pu ke pai

joc de cartes

pin tu

trencaclosca

SUPER MEGA


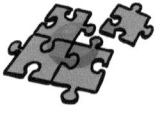

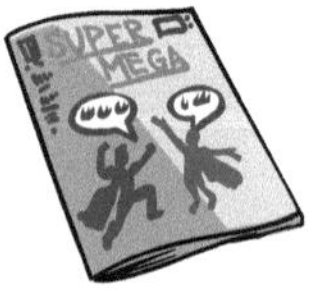

man hua

historieta

le gao ji mu

peces de lego

ji mu wan ju

peces de construcció

wan ju ren

ninot d'acció

ying er fu

granota

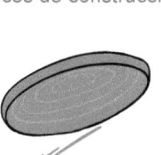

fei pan

frisbee

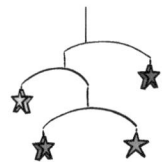

chuang ling wan ju

mòbil per a bressol

qi pan you xi

joc de taula

shai zi

daus

huo che mo xing

tren elèctric

an fu nai zui

xumet

ju hui

festa

hui ben

llibre de dibuixos

qiu

pilota

yang wa wa

nina

wan

jugar

sha keng

sorrera

qiu qian

gronxador

wan ju

joguines

you xi ji

consola de jocs de vídeo

san lun che

tricicle

tai di xiong

osset de peluix

yi chu

armari

## yi fu

## roba

wa zi

mitjons

chang wa

mitges

jin shen ku

mitja pantaló

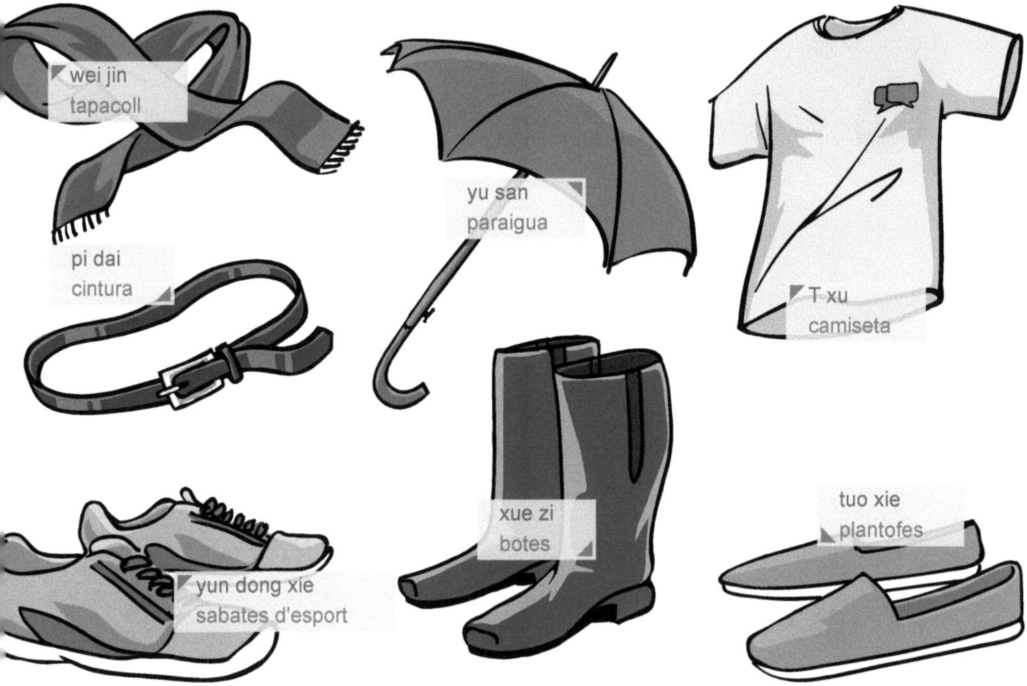

wei jin
tapacoll

yu san
paraigua

T xu
camiseta

pi dai
cintura

xue zi
botes

tuo xie
plantofes

yun dong xie
sabates d'esport

liang xie
.................
sandàlies

xie
.................
sabates

yu xue
.................
botes de goma

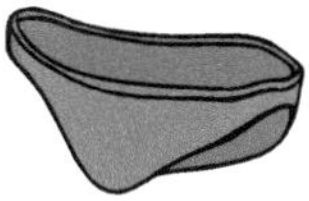

nei ku
.................
calçonets

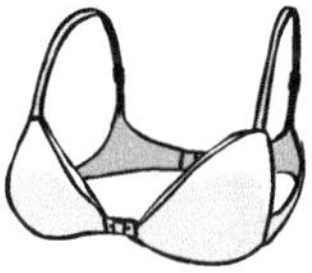

xiong zhao
.................
sostenidor

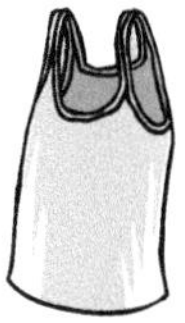

bei xin
.................
guardapits

shen ti

jjustacòs

ku zi

pantalons

niu zai ku

jeans

duan qun

faldeta

nü shi chen shan

brusa

chen shan

camisa

tao tou shan

jersei

wei yi

dessuadora

xi zhuang jia ke

blazer

jia ke

jaqueta

wai tao

mantell

yu yi

impermeable

tao zhuang

vestit de dona

lian yi qun

vestit de dona

hun sha

vestit de núvia

yi fu - roba

xi zhuang

vestit d'home

shui pao

camisa de dormir

shui yi

pijama

sha li

sari

tou jin

mocador de cap

bao tou jin

turbant

bo ka

burca

ka fu tan

caftan

(a la bo shi)chang pao

abaia

yong yi

vestit de bany

nan shi yong ku

calçon(et)s de bany

duan ku

pantalons curts

yun dong fu

xandall

wei qun

davantal

shou tao

guants

niu kou

botó

yan jing

ulleres

shou lian

braçalet

xiang lian

collaret

jie zhi

anell

er huan

orellera

bian mao

casquet

yi jia

penjador

mao zi

capell

ling dai

corbata

la lian

cremallera

tou kui

casc

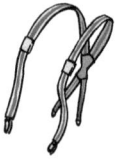

bei dai

elàstics

xiao fu

uniforme escolar

zhi fu

uniforme

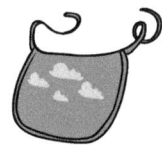

wei dou

pitet

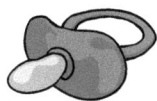

an fu nai zui

xumet

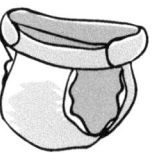

niao bu shi

bolquer

# ban gong shi

## oficina

fu wu qi
servidor
wen jian gui
armari arxivador
da yin ji
impressora
zhi
paper
xian shi ping
monitor
shu biao
ratolí
ban gong zhuo
escriptori
wen jian jia
arxivador
jian pan
teclat
fei zhi kuang
paperera
dian nao
ordinador
yi zi
cadira

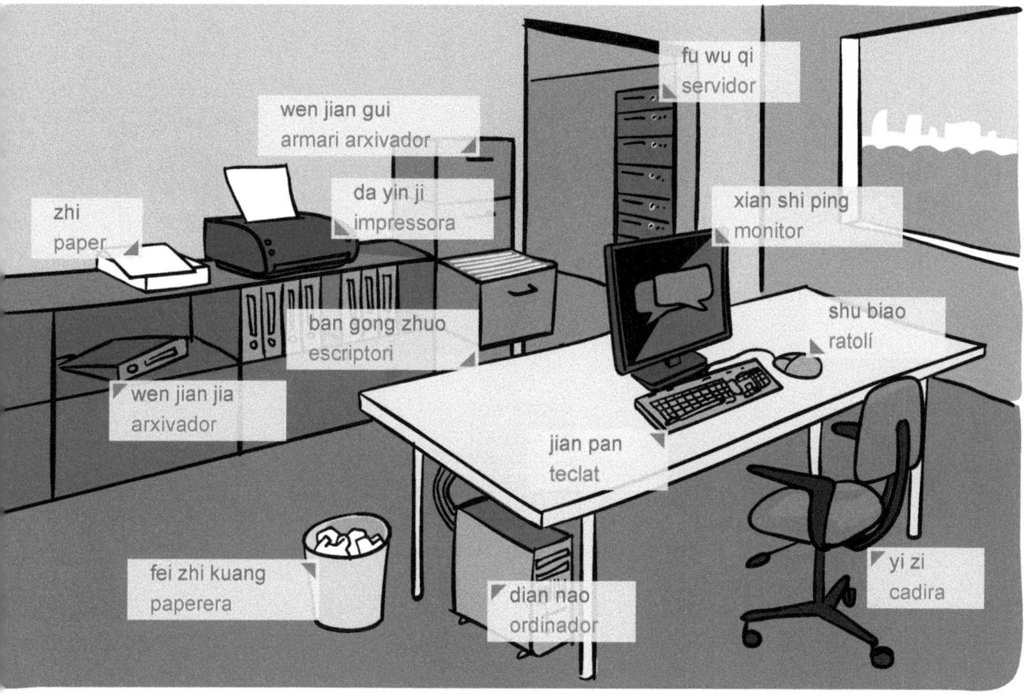

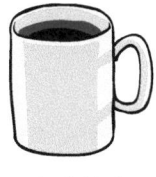

ka fei bei

tassa de cafè

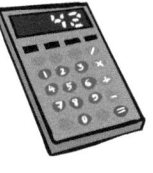

ji suan qi

calculadora

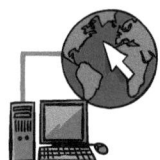

yin te wang

Internet

bi ji ben dian nao

ordinador portàtil

xin jian

lletra

xiao xi

missatge

shou ji

mòbil

wang luo

xarxa

fu yin ji

fotocopiadora

ruan jian

programari

dian hua

telèfon

cha zuo

presa de corrent

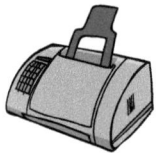

chuan zhen ji

fax

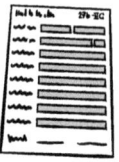

biao ge

formulari

wen jian

document

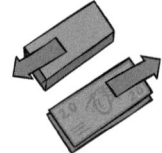

mai
...............
comprar

fu qian
...............
pagar

jiao yi
...............
comerciar

xian jin
...............
diners

mei yuan
...............
dòlar

ou yuan
...............
euro

ri yuan
...............
ien

lu bu
...............
ruble

rui shi fa lang
...............
franc suís

ren min bi
...............
renminbi

lu bi
...............
rupia

ti kuan chu
...............
caixa automàtica

wai bi dui huan chu

oficina de canvi

jin

or

yin

argent

shi you

petroli

neng yuan

energia

jia ge

preu

he tong

contracte

shui jin

impost

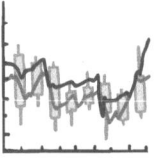

gu piao

acció

gong zuo

treballar

zhi yuan

treballador

lao ban

empresari

gong chang

fàbrica

shang dian

botiga

# zhi ye
# oficis

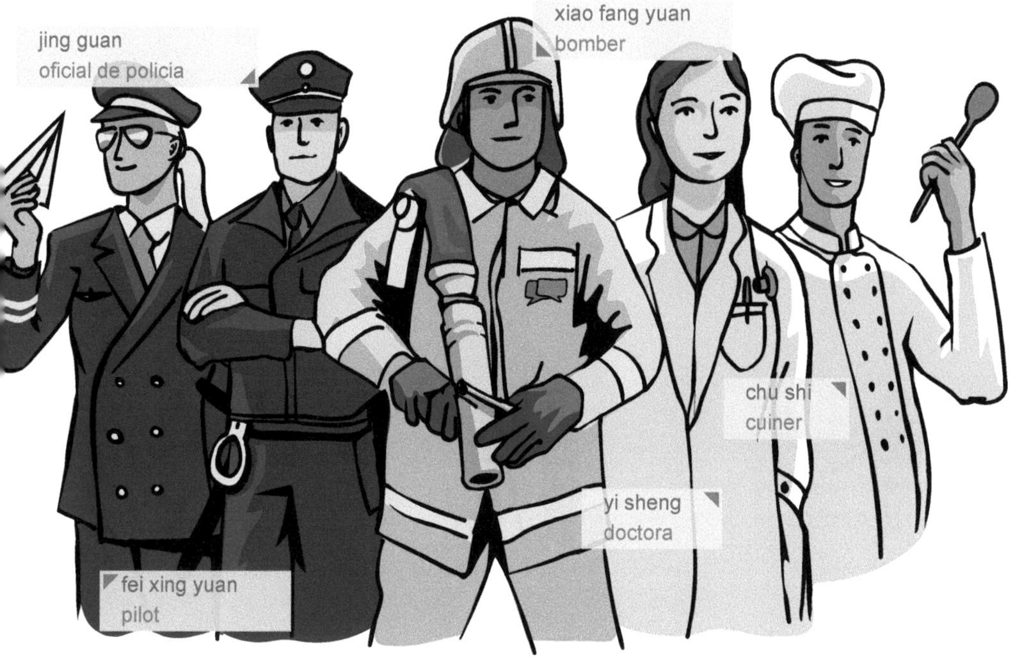

jing guan
oficial de policia
xiao fang yuan
bomber
chu shi
cuiner
yi sheng
doctora
fei xing yuan
pilot


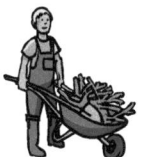

yuan ding

jardiner

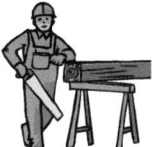

mu jiang

fuster

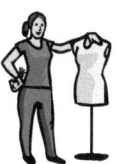

cai feng

costurera

fa guan

jutge

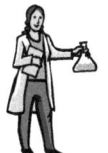

hua xue jia

química

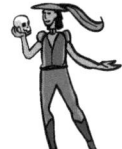

yan yuan

actor

gong jiao che si ji

conductor d'autobús

chu zu che si ji

taxista

yu fu

pescador

qing jie nü gong

dona de la neteja

wu ding gong

ensostrador

fu wu yuan

cambrer

lie ren

caçador

hua jia

pintor

mian bao shi

forner

dian gong

electricista

jian zhu gong ren

obrer de la construcció

gong cheng shi

enginyer

tu fu

carnisser

shui guan gong

llanterner

you di yuan

correu

shi bing

soldat

jian zhu shi

arquitecte

shou yin yuan

caixera

hua nong

florista

li fa shi

perruquer

shou piao yuan

revisor

ji xie shi

mecànic

chuan zhang

capità

ya yi

dentista

ke xue jia

científic

la bi

rabí

yi ma mu

imam

he shang

monjo

mu shi

capellà

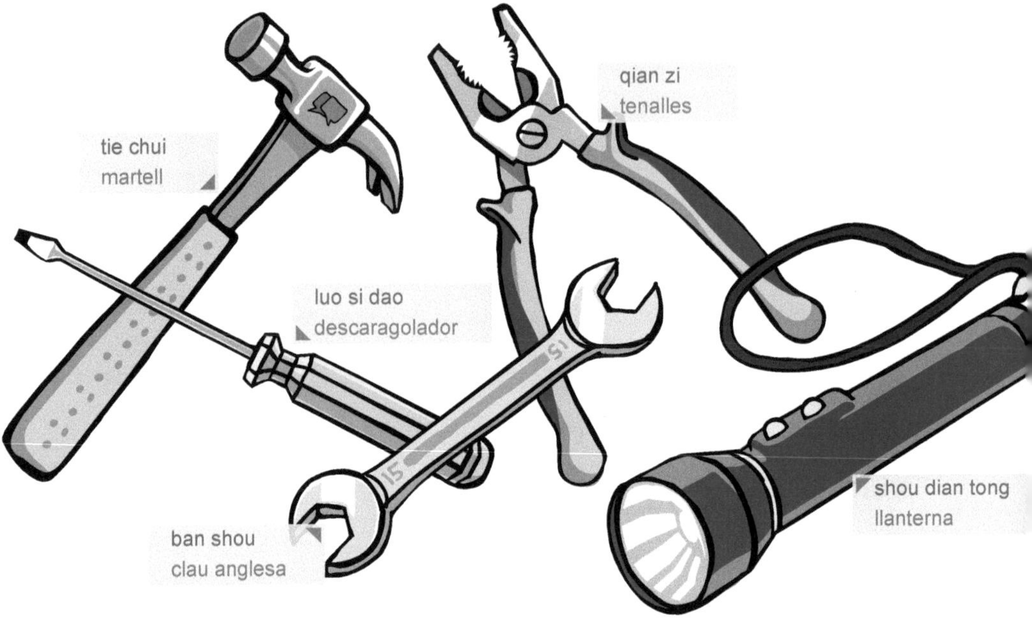

tie chui
martell

qian zi
tenalles

luo si dao
descaragolador

ban shou
clau anglesa

shou dian tong
llanterna

wa jue ji

excavadora

gong ju xiang

caixa d'eines

ti zi

escala

ju zi

serra

ding zi

claus

zuan ji

trepant

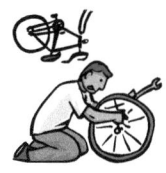

xiu

reparar

chan zi

pala

kao!

Maleït siga!

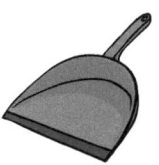

bo ji

pala

you qi tong

pot de pintura

luo si

caragols

## yue qi
## instrument de música

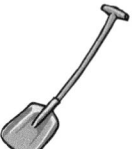

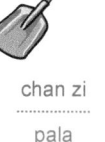

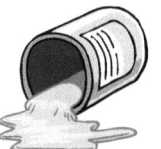

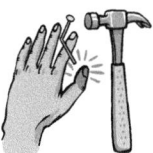

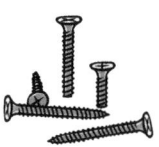

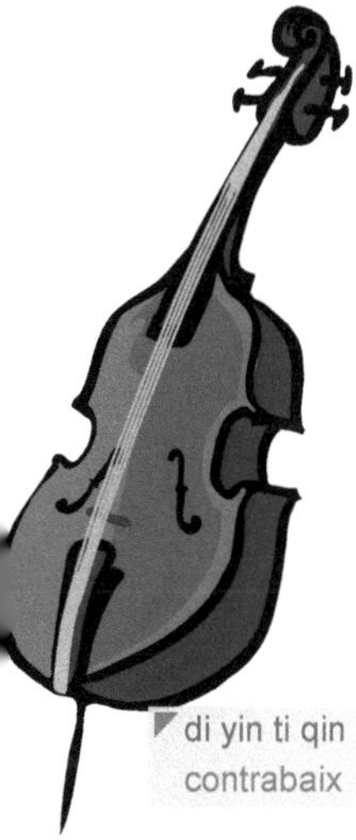

di yin ti qin
contrabaix

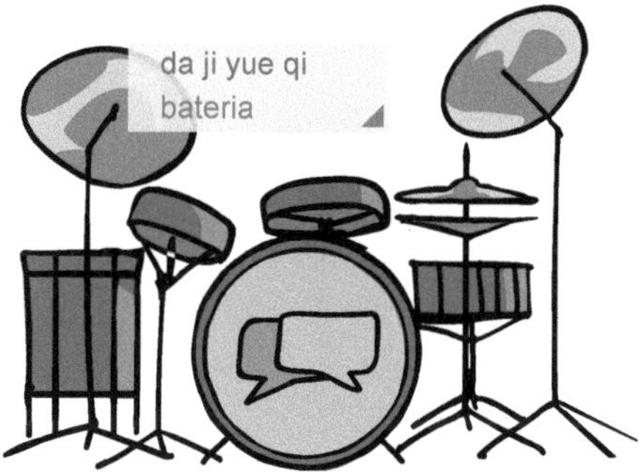

da ji yue qi
bateria

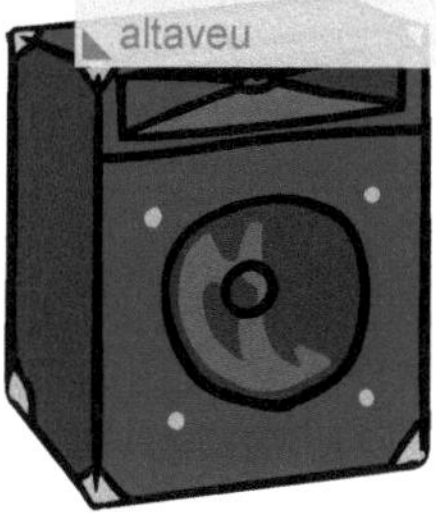

yang sheng qi
altaveu

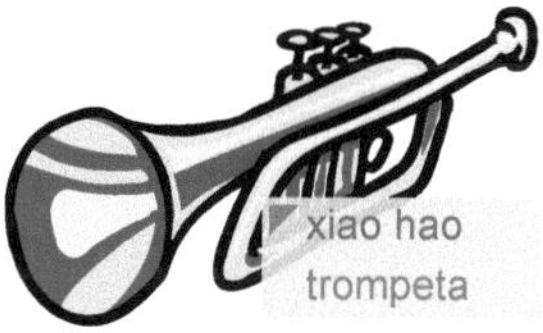

xiao hao
trompeta

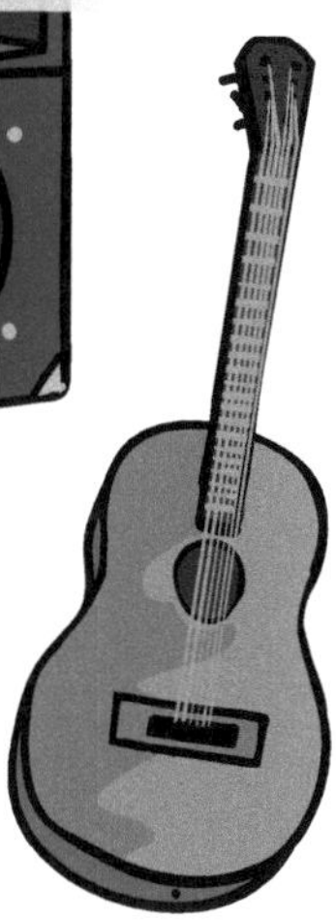

ji ta
guitarra

gang qin

piano

xiao ti qin

violí

bei si

baix

ding yin gu

timbal

gu

tambor

dian zi qin

teclat

sa ke si guan

saxofon

chang di

flauta

mai ke feng

micròfon

yue qi - instrument de música

# dong wu yuan

## zoo

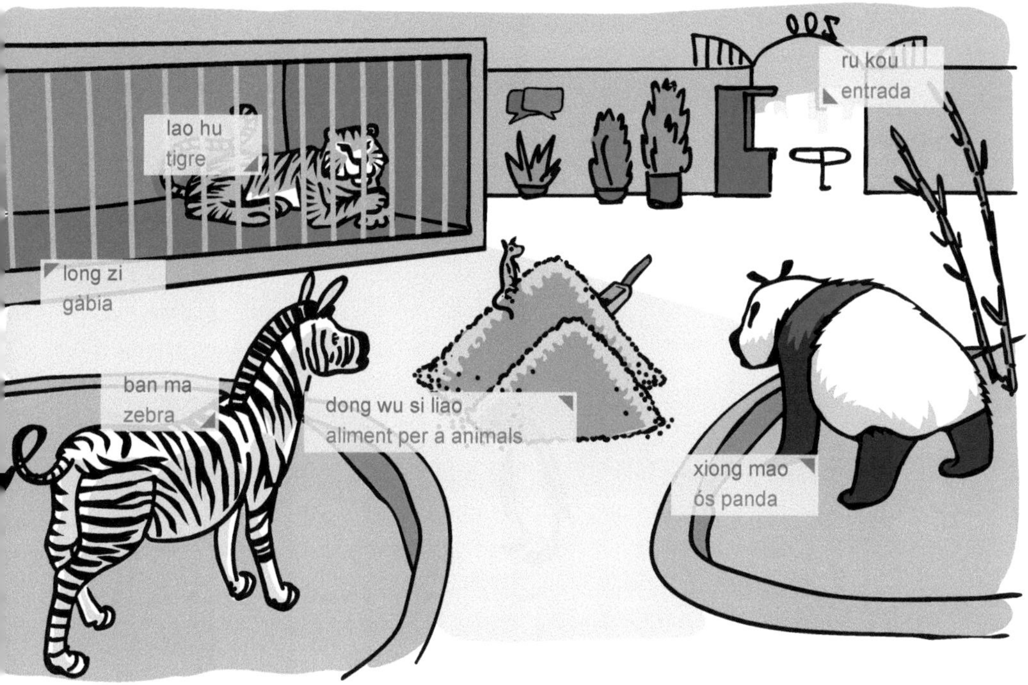
ru kou
entrada
lao hu
tigre
long zi
gàbia
ban ma
zebra
dong wu si liao
aliment per a animals
xiong mao
ós panda

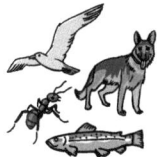

dong wu

animals

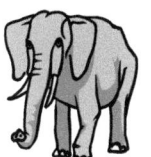

da xiang

elefant

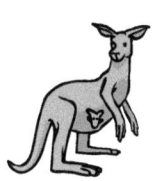

dai shu

cangurú

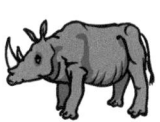

xi niu

rinoceront

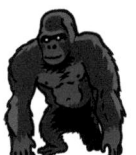

da xing xing

goril·la

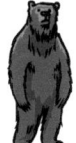

xiong

ós

luo tuo

camell

tuo niao

estruç

shi zi

lleó

hou zi

simi

huo lie niao

flamenc

ying wu

papagai

bei ji xiong

ós polar

qi e

pingüí

sha yu

ca mari

kong que

paó

she

serp

e yu

cocodril

dong wu yuan guan li yuan

guardià del zoo

hai bao

foca

mei zhou bao

jaguar

ai zhong ma

poni

bao

lleopard

he ma

hipopòtam

chang jing lu

girafa

lao ying

àliga

ye zhu

senglar

yu

peix

gui

tortuga

hai xiang

morsa

hu li

guineu

ling yang

gasela

gan lan qiu
futbol americà

qi zi xing che
ciclisme

wang qiu
tenis

lan qiu
bàsquet

you yong
natació

quan ji
boxa

bing qiu
hoquei sobre gel

ying shi zu qiu

futbol americà

yu mao qiu

bàdminton

tian jing

atletisme

shou qiu

handbol

hua xue

esquí

ma qiu

polo

# huo dong
# activitats

tiao
saltar
yong bao
abraçar
xiao
riure
zou lu
anar
chang
cantar
zuo meng
somiar
qi dao
pregar
qin wen
fer un petó

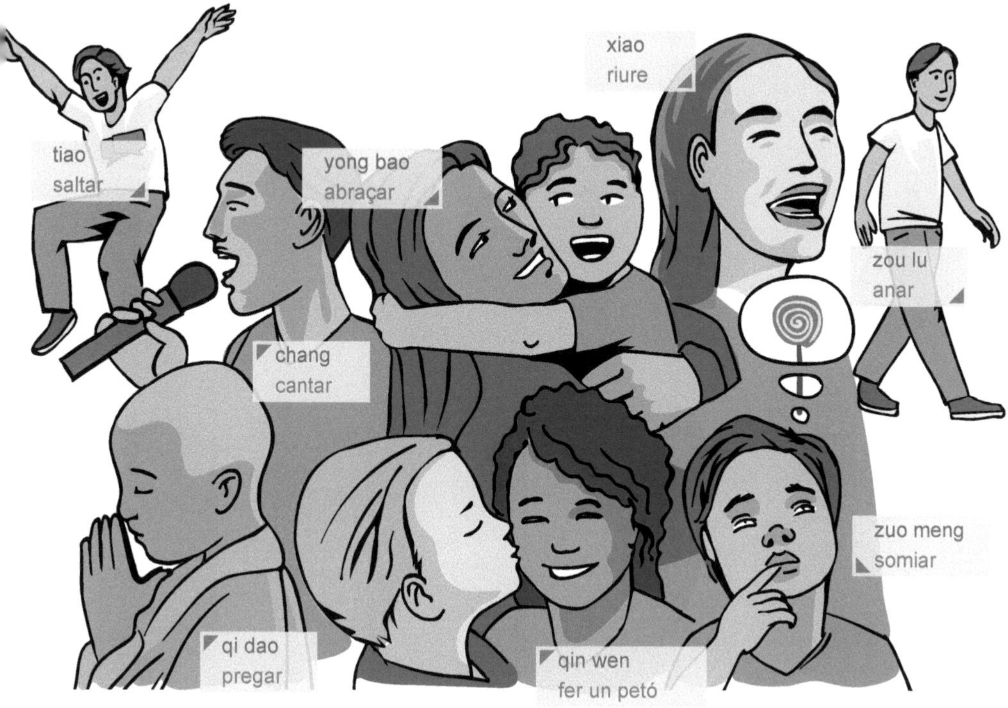

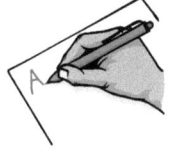

shu xie

escriure

hua

dibuixar

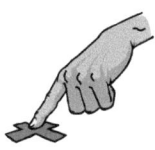

zhan shi

mostrar

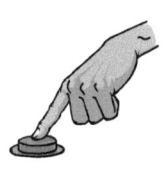

tui

pitjar

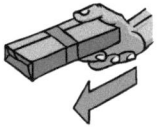

gei

donar

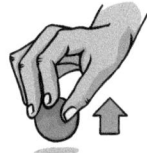

na

prendre

you

tenir

zuo

fer

dang

ésser

zhan

estar dret

pao

córrer

la

estirar

reng

llançar

shuai dao

caure

tang

jeure

deng dai

esperar

xie dai

portar

zuo

asseure's

chuan yi

vestir-se

shui jiao

dormir

xing lai

despertar-se

kan

mirar

ku

plorar

fu mo

amoixar

shu tou

pentinar

jiao tan

parlar

ming bai

comprendre

wen

demanar

ting

escoltar

he

beure

chi

menjar

qing li

endreçar

ai

estimar

zuo fan

cuinar

kai che

conduir

fei

volar

hang xing

navegar

ji suan

calcular

du

llegir

xue xi

aprendre

gong zuo

treballar

jie hun

casar-se

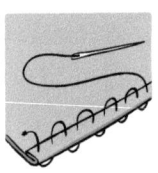

feng

cosir

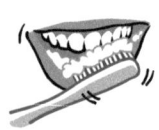

shua ya

raspallar-se les dents

sha

matar

chou yan

fumar

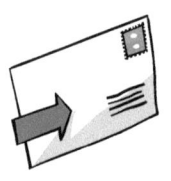

ji

enviar

zu mu
àvia

zu fu
avi

fu qin
pare

mu qin
mare

ying tong
nadó

nü er
filla

er zi
fill

ke ren

convidat

a yi

tia

shu shu

oncle

xiong di

germà

jie mei

germana

# shen ti

## cos

qian e
front
yan jing
ull
jian bang
espatlla
shou zhi
dit
lian
cara
xia ba
barbeta
shou
mà
tui
cama
ru fang
pit
shou bi
braç

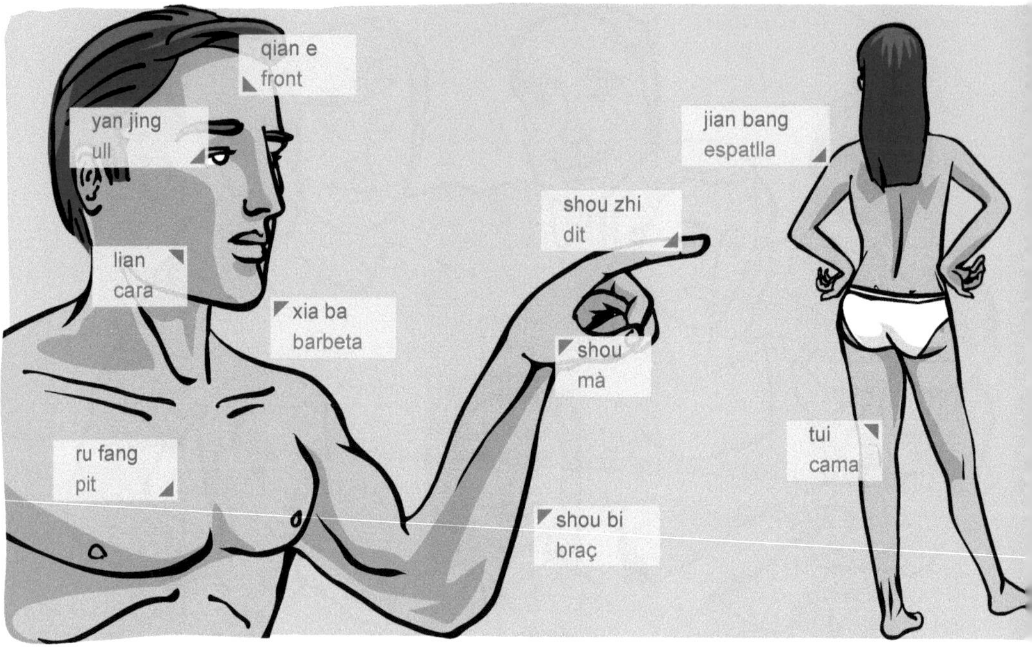

ying tong
nadó

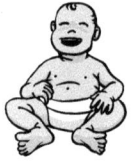

nan ren
home

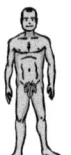

nü ren
dona

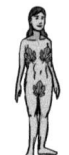

nü hai
noia

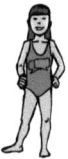

nan hai
noi

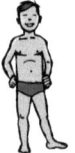

tou
cap

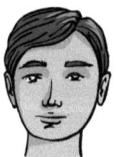

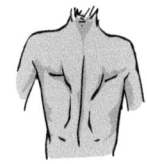

bei bu

esquena

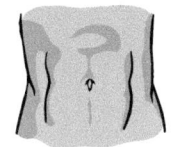

du zi

panxa

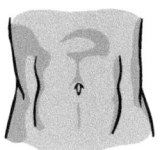

du qi

melic

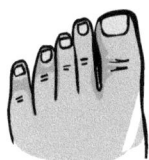

jiao zhi

dit gros del peu

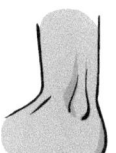

jiao hou gen

taló

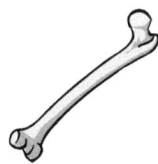

gu tou

os

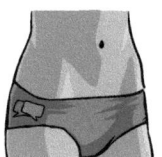

tun bu

maluc

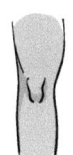

xi gai

genoll

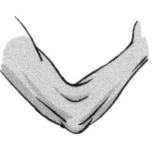

shou zhou

colze

bi zi

nas

pi gu

cul

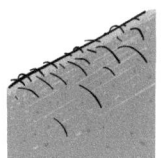

pi fu

pell

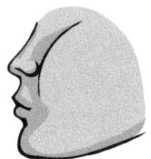

lian jia

galta

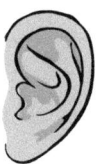

er duo

orella

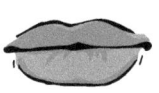

zui chun

llavi

zui

boca

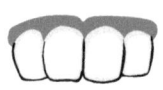

ya chi

dent

she tou

llengua

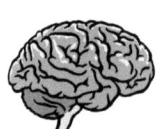

nao

cervell

xin zang

cor

ji rou

múscul

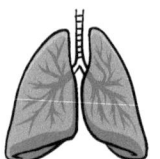

fei

pulmó

gan zang

fetge

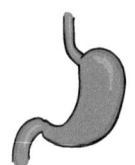

wei

estómac

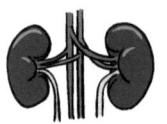

shen zang

ronyó

xing jiao

relació sexual

bi yun tao

preservatiu

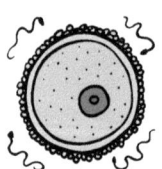

luan zi

ovari

jing zi

semen

huai yun

prenyat

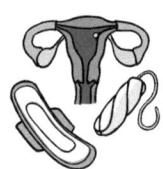

yue jing

menstruació

yin dao

vagina

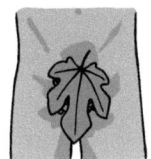

yin jing

penis

mei mao

cella

tou fa

cabells

bo zi

coll

# yi yuan
# hospital

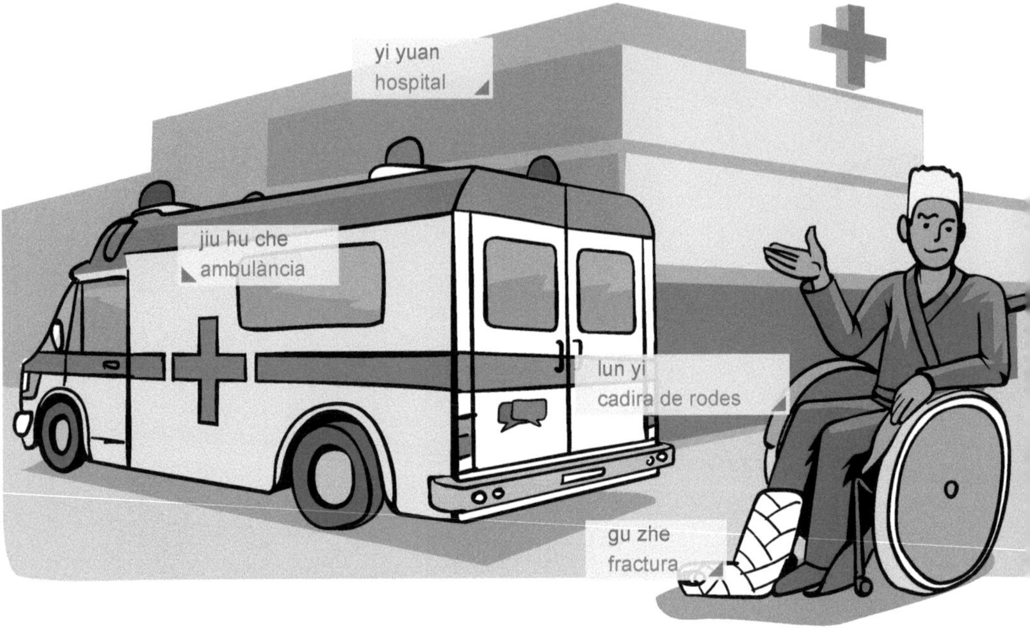

yi yuan
hospital
jiu hu che
ambulància
lun yi
cadira de rodes
gu zhe
fractura

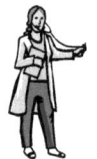

yi sheng

doctora

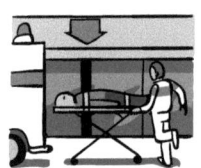

ji zhen shi

sala d'urgències

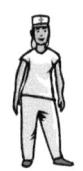

hu shi

infermera

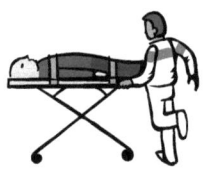

jin ji qing kuang

urgència

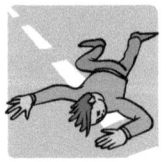

hun mi

inconscient

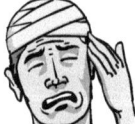

tong

dolor

shou shang

ferida

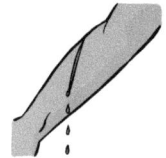

chu xue

sagnament

xin zang bing fa zuo

atac de cor

zhong feng

apoplexia

guo min

al·lèrgia

ke sou

tos

fa shao

febre

liu gan

gripa

fu xie

diarrea

tou tong

mal de cap

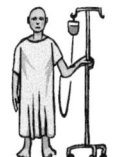

ai zheng

càncer

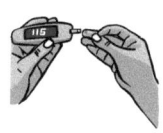

tang niao bing

diabetis

wai ke yi sheng

cirurgià

shou shu dao

escalpel

shou shu

operació

CT

tomografia computada (TC), TAC

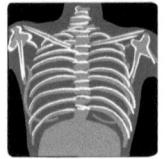

X guang

raigs x

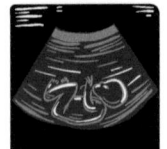

chao sheng bo

ultrasò

kou zhao

mascareta

ji bing

malaltia

hou zhen shi

sala d'espera

guai zhang

crossa

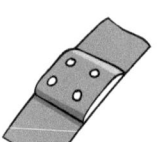

shi gao

tireta

beng dai

embenat

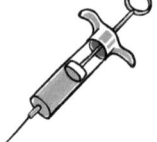

zhu she

injecció

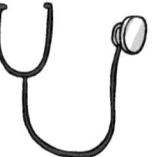

ting zhen qi

estetoscopi

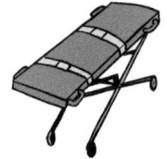

dan jia

llitera

ti wen ji

termòmetre clínic

chu sheng

pariment

chao zhong

sobrepès

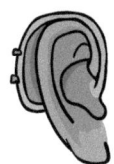

zhu ting qi

aparell auditiu

xiao du ye

desinfectant

gan ran

infecció

bing du

virus

ai zi bing

VIH / SIDA

yao wu

medicina

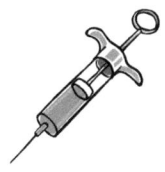

jie zhong yi miao

vaccí

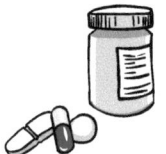

yao pian

comprimits

yao wan

píl·lola

ji jiu dian hua

trucada d'urgència

xue ya ji

tensiòmetre

sheng bing/jian kang

malalt / sà

jiu ming!

Socors!

jing bao

alarma

tu ji

assalt

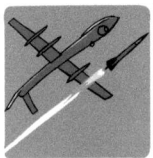

gong ji

atac

wei xian

perill

jin ji chu kou

sortida-eixida d'urgència

zhao huo la!

Foc!

mie huo qi

extintor

yi wai

accident

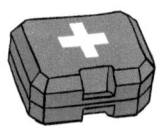

ji jiu xiang

farmaciola de primers
auxilis

hu jiu xin hao

SOS

jing cha

policia

ou zhou

Europa

bei mei zhou

Amèrica del Nord

nan mei zhou

Amèrica del Sud

fei zhou

Àfrica

ya zhou

Àsia

ao zhou

Austràlia

da xi yang

Atlàntic

tai ping yang

Pacífic

yin du yang

Oceà Índic

nan bing yang

Oceà Antàrtic

bei bing yang

Oceà Àrtic

bei ji

pol nord

nan ji

pol sud

nan ji zhou

Antàrtida

di qiu

terra

lu di

país

hai

mar

dao

illa

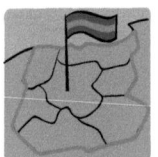

guo jia

nació

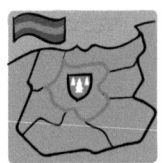

guo jia

estat

zhong mian

quadrant

shi zhen

agulla de les hores

fen zhen

agulla dels minuts

miao zhen

agulla dels segons

xian zai ji dian?

Quina hora és?

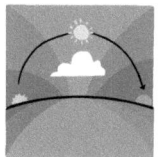

tian

dia

shi jian

temps

xian zai

ara

dian zi biao

rellotge digital

fen

minut

shi

hora

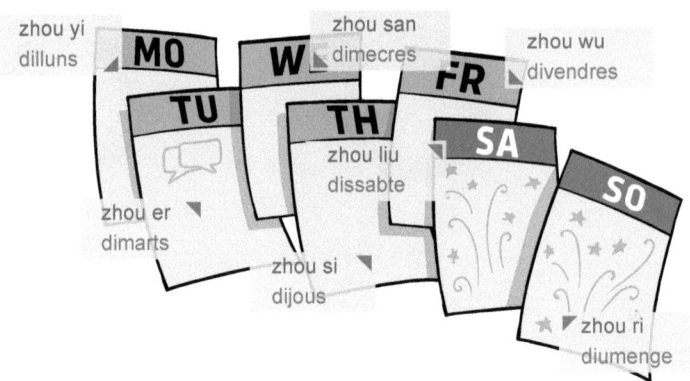

zhou yi / dilluns — MO
zhou er / dimarts — TU
zhou san / dimecres — W
zhou si / dijous — TH
zhou wu / divendres — FR
zhou liu / dissabte — SA
zhou ri / diumenge — SO

zuo tian

ahir

jin tian

avui

ming tian

demà

zao chen

matí

zhong wu

migdia

wan shang

tarda

gong zuo ri

dia feiner

zhou mo

cap de setmana

# nian
## any

yu
pluja
cai hong
arc de Sant Martí
xue
neu
feng
vent
chun
primavera
qiu
tardor
xia
estiu
dong
hivern


4.APRIL 11°
5.APRIL 4°
6.APRIL 13°
7.APRIL 8°
8.APRIL 10°


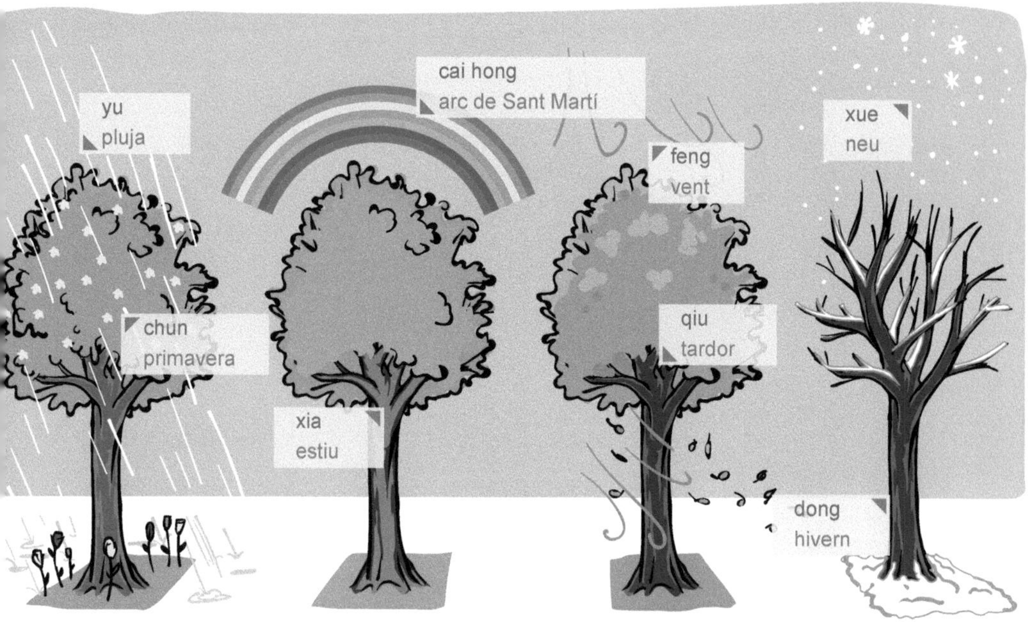

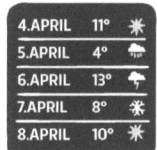

tian qi yu bao

pronòstic del temps

F C
120 40
90 30
60 20
30 10
0 0
-30 -10
-20


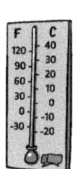

wen du ji

termòmetre

yang guang

llum del sol

yun

núvol

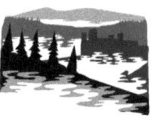

wu

boira

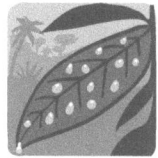

chao shi

humiditat de l'aire

shan dian

llamp

da lei

tro

feng bao

tempesta

bing bao

calamarsa

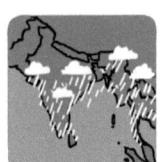

ji feng

monsó

hong shui

inundació

bing

gel

yi yue

gener

er yue

febrer

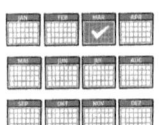

san yue

març

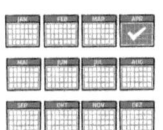

si yue

abril

wu yue

maig

liu yue

juny

qi yue

juliol

ba yue

agost

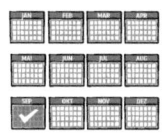

jiu yue

setembre

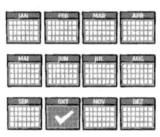

shi yue

octubre

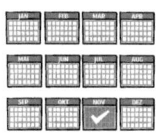

shi yi yue

novembre

shi er yue

desembre

# xing zhuang
## formes

yuan xing

cercle

zheng fang xing

quadrat

chang fang xing

rectangle

san jiao xing

triangle

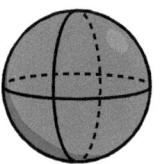

qiu ti

esfera

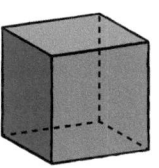

li fang ti

cub

bai

blanc

huang

groc

cheng

taronja

fen

rosa

hong

vermell

zi

lila

lan

blau

lü

verd

zong

marró

hui

gris

hei

negre

hen duo/shao xu

molt / poc

sheng qi/ping jing

emprenyat / tranquil

mei/chou

bonic / lleig

shou/wei

començament / fi

da/xiao

gran / petit

ming/an

clar / fosc

xiong di/jie mei

germà / germana

gan jing/ang zang

net / brut

wan zheng/que shi

complet / incomplet

bai tian/wan shang

dia / nit

si/sheng

mort / viu

kuan/zhai

ample / estret

ke shi yong/fei shi yong

comestible / immenjable

xie e/shan liang

dolent / amable

xing fen/wu liao

entusiasmat / entediat

pang/shou

gros / prim

di yi/zui hou

primer / darrer

peng you/di ren

amic / enemic

man/kong

ple / buit

ying/ruan

dur / tou

zhong/qing

pesant / lleuger

e/ke

gana / set

sheng bing/jian kang

malalt / sà

fei fa/he fa

il·legal / legal

cong ming/yu ben

intel·ligent / ximple

zuo/you

esquerra / dreta

jin/yuan

prop / llunyà

xin/jiu

nou / usat

mei you/you xie

res / quelcom

lao/you

vell / jove

kai/guan

encès / apagat

da kai/he shang

obert / tancat

an jing/chao nao

silenciós / sorollós

fu/qiong

ric / pobre

dui/cuo

correcte / incorrecte

cu cao/guang hua

aspre / suau

shang xin/gao xing

trist / content

duan/chang

curt / llarg

man/kuai

lent / ràpid

shi/gan

humit / sec - eixut

wen nuan/liang shuang

calent / fred

zhan zheng/he ping

guerra / pau

**0**

ling

zero

**1**

yi

u

**2**

er

dos

**3**

san

tres

**4**

si

quatre

**5**

wu

cinc

**6**

liu

sis

**7**

qi

set

**8**

ba

vuit

**9**

jiu

nou

**10**

shi

deu

**11**

shi yi

onze

**12**

shi er

dotze

**13**

shi san

tretze

**14**

shi si

catorze

**15**

shi wu

quinze

**16**

shi liu

setze

**17**

shi qi

disset

**18**

shi ba

divuit

**19**

shi jiu

dinou

**20**

er shi

vint

**100**

bai

cent

**1.000**

qian

mil

**1.000.000**

bai wan

milió

ying yu

anglès

mei shi ying yu

anglès americà

pu tong hua

xinès mandarí

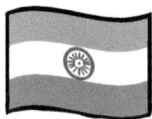

yin di yu

hindi

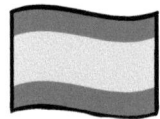

xi ban ya yu

espanyol

fa yu

francès

a la bo yu

àrab

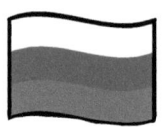

e yu

rus

pu tao ya yu

portuguès

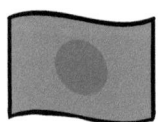

feng jia la yu

bengalí

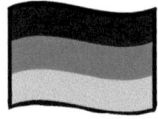

de yu

alemany

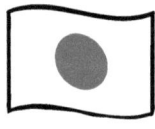

ri yu

japonès

wo

jo

ni

tu

ta/ta/ta

ell / ella / allò

wo men

nosaltres

ni men

vosaltres

ta men

ells

shei?

qui?

shen me?

què?

zen yang?

com?

na li?

on?

shen me shi hou?

quan?

ming zi

nom

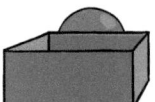

hou mian

darrere

li mian

en

qian mian

davant de

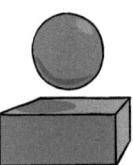

shang fang

damunt

shang mian

sobre

xia mian

sota

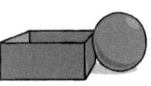

pang bian

al costat

zhong jian

entre

di dian

lloc